Y

J.

L'ART DE FUMER

ou

LA PIPE ET LE CIGARE.

IMPRIMERIE DE MAULDE ET RENOU,
RUE BAILLEUL, 9 ET 11.

L'ART DE FUMER

PAR

BARTHÉLEMY

L'ART DE FUMER

OU

LA PIPE ET LE CIGARE

POËME EN TROIS CHANTS,

SUIVI DE NOTES,

PAR

BARTHÉLEMY.

————○○○◯○○◯○○———

Paris.

LALLEMAND-LÉPINE, ÉDITEUR,

PASSAGE BEAUJOLAIS, RUE RICHELIEU, 52.

Chez MARTINON, rue du Coq-Saint-Honoré, 4.

————○————

1844.

CHANT PREMIER.

LA PIPE.

Chant Premier

—•—

LA PIPE.

—•—

A bas l'antique Dieu qu'invoquent les poètes !

Je n'ai jamais compris ces messieurs à manchettes,

Qui, devant un bureau pompeusement assis,

Et la plume collée à leurs doigts indécis,

Espèrent recevoir l'étincelle sacrée,

En se gratifiant d'un verre d'eau sucrée,

Et vont criant sans fin, pour se mettre en émoi :

Je t'invoque, Apollon ! ô muse, inspire-moi !

Tel n'est point mon système : alors que je compose,

Sur mon plus large meuble, au hasard je me pose ;

J'installe devant moi, bravant le décorum,

Ou la cruche flamande ou quelque grog au rhum ;

Il faut que de Cuba le divin narcotique

Charge de bleus flocons mon divan poétique ;

Le cigare à mes vers à souvent réussi,

Et ce dieu, je l'espère, inspirera ceux-ci.

Mais, avant tout, d'abord, ici, je le déclare :

Je chante seulement la pipe et le cigare ;

Quant au tabac en poudre, il a beaucoup d'appas,

J'en conviens, mais qu'y faire ? il ne m'inspire pas ;

S'il vise également à quelque apothéose,

Je ne puis rien pour lui ; qu'il s'adresse à la prose.

On est loin de nier les charmes bienfaisans

Que cette poudre noire offre à ses partisans ;

Mais si, trop aveuglés par ce sternutatoire,

Ils voulaient du cigare atténuer la gloire ,

On pourrait, sans effort, rabaisser leur orgueil ;

Pour décider entre eux il suffit d'un coup d'œil :

Le fumeur est décent de visage et de geste ;

Sa lèvre arquée exprime une fierté modeste,

Un air philosophique est empreint dans ses yeux,

Il souffle son haleine en regardant les cieux (1).

On dirait qu'il suffit de ce puissant arome

Pour mûrir la pensée et compléter un homme,

Qu'il donne à l'enfant même un aspect de raison,

Et d'un air juvénil rehausse le grison.

Le priseur, au contraire, offre dans tout son être

Certain je ne sais quoi qu'on ne peut méconnaître :

Son galbe est ridicule et son maintien chétif ;

Dès qu'il porte la main vers le siége olfactif,

Sa tête vers la terre obliquement s'incline,

Il étire la face et pince la narine ;

Il a beau corriger ses gestes maladroits,

Arrondir le poignet en allongeant les doigts,

Quelques soins qu'il se donne, il ne peut se défendre

D'un air patriarcal qui frise le Cassandre.

Eh ! comment ne pas rire, à voir le dénoûment

De sa fatale prise, outre l'éternûment ?

Comme le stimulant qu'il porte à cet organe

Contraint à suinter sa muqueuse membrane,

Tantôt, une topaze, effroi du linge blanc,

Au bout du cartilage étincelle en tremblant ;

Tantôt, elle envahit la gouttière nasale

Et glisse vers la bouche, en pente verticale,

A moins que, présenté d'une assez prompte main,

Le madras à carreaux ne l'éponge en chemin.

Oh ! comment avec nous les mettre en parallèle !

Nous, du moins, du berger quand l'heure nous appelle,

Un léger gargarisme adoucit le parfum

D'un cigare récent, au goût inopportun (2) ;

Mais, pour eux, par hasard, quand la même heure sonne,

Quel moyen d'assainir leur infecte personne ?

De déterger à fond le fumet introduit

Jusqu'à l'arrière-bouche, au sinueux conduit ?

Dans ses concavités le noir levain fermente ;

Dieux ! quels tristes baisers aux lèvres d'une amante !

En vain elle s'efforce à vaincre le dégoût

D'un nez asphixiant dont elle sent le bout ;

De quelques beaux dehors qu'elle se trouve éprise,

Elle défend sa porte à l'Apollon qui prise,

Tandis que la beauté, jamais avec humeur

N'a pour lèse-odorat expulsé le fumeur.

Mais, c'est trop discuter avec la tabatière :

Nous avons devant nous une vaste matière ;

Au titre de ce livre il faut nous conformer ;

A l'œuvre ! instruisons l'homme au grand art de fumer.

Or, comme il faut, en tout, procéder par principe,

D'après l'ordre voulu, commençons par la pipe ;

C'est en vain qu'on voudrait les ranger de niveau :

La pipe est du vieux temps, le cigare est nouveau,

Et, quoique au premier rang en secret il aspire,

Il n'atteint pas encor le maternel empire.

Depuis le jour qui vit le premier inventeur (3)

D'une plante brûlée aspirer la senteur,

La pipe conquérante a subjugué l'Asie,

L'Afrique, l'Amérique et la Polynésie ;

Mais si le monde entier est son temple éternel,

L'Orient, de ce temple est le premier autel.

Là, l'enfant nouveau-né, créature éphémère,

Suce, à la fois, la pipe et le sein de sa mère ;

L'homme que le destin relègue au dernier rang

Pompe un arome exquis dans un tube odorant.

Heureux le grand seigneur de l'Inde et de la Perse (4)!

Tandis qu'à ses côtés, un esclave lui verse

L'extase des élus dans les flots du moka,

Un autre est à ses pieds, penché sur son houka,

Merveilleux appareil, où la tiède fumée

Refroidie en passant sur une eau parfumée,

Dans un long serpentin qu'elle suit lentement,

Dépose l'âcreté d'un impur sédiment ;

Ainsi, pour ses plaisirs, le maître le réclame :

Car il traite la pipe à l'égal de la femme,

Et veut que l'une et l'autre, exempte de levain,

Arrive à ses baisers en passant par le bain.

Et voilà les pays que nous nommons barbares !

Mais en Europe, hélas ! les esclaves sont rares ;

2

A part quelques élus, quelques doctes fumeurs

Qui du sage Orient y pratiquent les mœurs,

Et du doux narguillet se passent le caprice,

Le riche, en nos climats, n'a pas à son service

Un nègre dont la main porte le cerisier

Et veille sans relâche à nourrir le brasier.

Pauvres peuples ! contens de notre humble fortune,

Nous nous réfugions dans la pipe commune,

Et, depuis Gibraltar jusqu'aux bords du Texel,

Elle obtient en Europe un culte universel.

Ce n'est pas, toutefois, que ce meuble fragile

Soit toujours composé d'une grossière argile ;

Le luxe qui sur tout porte son appareil

Se plaît à l'incruster dans l'ambre et le vermeil.

Le peuple d'outre-Rhin, enveloppé de brumes,

Les chasse à la vapeur de ses larges écumes,

Trésors dont l'amateur fait un si riche cas,

Qu'il les paya souvent deux ou trois cents ducats (5).

Nous-mêmes, dont, trente ans, la gloire aventurière

Des empires du Nord refoula la barrière,

A force d'habiter chez les bons Allemands,

Nous leur avons conquis leurs riches instruments,

Et notre juste orgueil a mis dans ses trophées

Ces écumes de mer artistement coiffées (6),

Ces blagues de Hongrie aux arabesques d'or

Dont la mode aux bourgeois vient de l'état-major.

Entre tant de grands noms que l'histoire proclame,

La pipe au premier rang revendique Vandamme

Qui, devant l'ennemi la présentant sans peur,

Dans celle du canon confondait sa vapeur ;

Sa chaleur excitait ce belliqueux génie.

Ce fut chez Oudinot une monomanie ;

Cet opulent guerrier, dans son hôtel ducal,

Voulut en réunir un complet arsenal :

Dès qu'on lui signalait quelques pièces exquises,

Il ne s'endormait pas sans les avoir acquises ;

Il mettait son bonheur lui-même a les ranger,

Et dans son muséum ouvert à l'étranger,

Il signalait surtout la pièce sans rivale,

Noble don que lui fit la main impériale,

Roulant sur un affût, en forme de canon,

Et portant ciselés ses armes et son nom.

Mais comment rappeler les héros de la pipe,

Sans en nommer ici le plus illustre type ?

Lassalle ! qui, dit-on, les fumant par milliers,

Défiait en cet art ses plus vieux cavaliers ;

Dès qu'une vieille pipe émerveillait l'armée,

On disait aussitôt : « Lassalle l'a fumée. »

Aujourd'hui, même encor, dans notre bon Paris,

Chaque fois qu'un marchand veut rehausser le prix

D'une pipe allemande à tête colossale,

Il dit effrontément : « Elle vient de Lassalle. »

Un jour, qu'un armistice astreignait au repos

L'aigle noir de la Prusse, ainsi que nos drapeaux,

Ce héros, qui toujours était à l'avant-garde,

S'en va chez l'ennemi flâner à la hussarde ;

Là, le premier objet que rencontrent ses yeux,

C'est un feld-maréchal qui, d'un air radieux,

Festoyait une écume effrayante de taille,

Et d'un teint si parfait que Lassalle en tressaille.

Il offre à l'étranger, s'il veut s'en dessaisir,

Ses deux plus beaux chevaux qu'il lui donne à choisir ;

L'Allemand fait le sourd ; Lassalle en offre quatre,

Six, huit, dix, et toujours refus opiniâtre ;

« Eh bien ! dit le Français au tenace Germain,

« Adieu, souvenez-vous que je l'aurai demain. »

C'était le jour, tout juste, ou finissait la trève :

Le lendemain, avant que l'aube ne se lève,

2.

Lassalle fait sonner le signal des clairons,

Part comme un ouragan avec deux escadrons,

Et tandis que ses gens, peu jaloux des écumes,

A l'aigle de Berlin détachent quelques plumes,

Lui, ne cherche partout que l'avare allemand ;

O bonheur ! il le trouve, il l'enlève fumant,

Le couche sur la selle, et repart, ventre à terre,

En emportant la pipe et le propriétaire.

Celui-ci fut bientôt renvoyé sans rançon :

La pipe demeura suspendue à l'arçon (7).

Et toi, dont la statue à la cour de Versailles,

Rappelle un autre siècle illustré de batailles,

Pardonne, ô vieux Jean Bart ! à mon stupide oubli,

Si ton nom, le premier, ne fut pas recueilli :

Ainsi que tout marin, tout fumeur te révère ;

Ta double renommée est encor populaire,

Brave comme un lion et poli comme un ours,

Un jour que, pavoisé de soie et de velours,

On voulut te montrer, dans ta nouvelle mise,

A celui qui prenait le soleil pour devise,

On prétend, qu'introduite en même temps que toi,

Ta pipe fit crisper le grand nez du grand roi (8).

Le temps n'a pas détruit le règne de l'écume ;

Mais à moins de splendeur le siècle s'accoutume ;

La pipe de l'époque est la pipe d'un sou,

La pipe du roulier, celle du tourlourou,

Le dévorant brûlot, la bouffarde grossière.

Au surplus, qu'elle soit ou noble ou roturière,

La matière, le prix, la forme n'y font rien,

Il s'agit de fumer, surtout de fumer bien.

Or, les fumeurs instruits sont rares, on les compte ;

La France, il faut le dire à notre grande honte,

Qui sur les nations prime en tout autre point,

La France, à cet égard, ne se distingue point.

Nous portons, malgré nous, dans ce grave exercice,

Cette frivolité dont on nous fait un vice ;

Nous fumons goulument, sans méthode, sans art ;

Nous prenons, dans un coin, des pipes de hasard ;

Des garçons négligents sont commis à leur garde ;

Nous faisons notre orgueil d'une immonde bouffarde

Dont le fin refouloir qu'on prend pour un joyau

N'a jamais décrassé la noix et le tuyau ;

Nous l'allumons au feu d'une veilleuse infecte ;

Et, pour dernier tableau, l'homme qui se respecte

N'entre qu'avec effroi dans notre cabinet,

Constellé de crachats, comme un estaminet.

Tournons, tournons les yeux vers le pays modèle,

L'Allemagne ; grands dieux ! que nous sommes loin d'elle !

Là, l'emploi de serrer ces bijoux précieux

N'est commis qu'à des gens bien consciencieux,

Qui sont loin de traiter ces soins-là de vétilles ;

Ce sont des serviteurs vieillis dans les familles,

Poudrés, respectueux, marchant à pas comptés ;

Comme à ces travaux seuls leurs jours sont affectés,

Chaque matin, à l'heure où le patron sommeille,

Ils portent en faisceaux les pipes de la veille,

Observent leurs progrès, constatent leurs défauts,

Décident s'il en est qui veulent du repos,

Et rangent à l'écart, sans agir par caprice,

Celles que l'ordre appelle à leur tour de service.

Ensuite sont brossés, d'un zèle intelligent,

Les blagues de velours, les couvercles d'argent ;

Chaque tube reçoit, selon qu'il le demande,

Le moelleux goupillon imbibé de lavande,

Car ils se jugeraient dignes de mille morts,

Pour la moindre souillure ou dedans ou dehors.

Voilà tout leur souci ; ne parlons pas de mettre

En couleur, de vernir les salons de leur maître,

D'enlever aux tapis dont ils sont décorés

Les vestiges des sucs la veille expectorés ;

Soins superflus : quand même, en ses heures oisives,

Il eût dans la soirée, avec trente convives,

Soufflé plus de vapeur dans son riche divan,

Que la pompe à Chaillot n'en vomit en un an,

Les parquets resteraient luisants comme des verres ;

Les Allemands n'ont pas de glandes salivaires ;

Un séjour de trois mois chez des hommes pareils,

Vaudrait mieux que trois ans de mes faibles conseils.

Abordons, toutefois, cet important chapitre :

Du choix de vos tabacs je vous laisse l'arbitre ;

Doucereux ou piquant, noir ou jaune de peau,

Qu'il soit platement large ou qu'il frise en copeau,

Qu'il affecte le luxe ou la parcimonie,

Maryland, Varinas, Levant ou Virginie,

Exotique ou français, contrebandier ou non,

S'il plaît à votre goût, je le déclare bon.

Vérifiez la pipe avant d'en faire usage ;

Un atome souvent en bouche le passage ;

Il faut que librement elle reçoive l'air,

Et que, soufflée à vide, elle rende un son clair.

Afin de vous sauver une assez rude épreuve

Je vous défends l'essai de toute terre neuve,

Dont la matière crue, échauffée au brasier,

D'un goût nauséabond affecte le gosier.

On dit qu'en Allemagne on prend pour cette peine

Des bottiers, gens doués d'une robuste haleine ;

Pour ma part, je gémis quand la nécessité

Me condamne à cueillir cette virginité ;

Non que je m'associe à ceux qui se font gloire

De concentrer leur goût sur une pipe noire ;

Quand elle a fait son temps il faut la réformer ;

Pourquoi persistez-vous à la vouloir fumer ?

Son tube, qu'un vieux suc sature en chaque pore,

N'ayant plus le pouvoir d'en absorber encore,

Le nouveau qu'il distille en huileux résidu

Jusque sur votre langue arrive inattendu.

Si vous tenez pourtant à cette vieille amie,

Au point que la briser vous semble une infamie,

A la place d'honneur, dans votre râtelier,

Rangez-la, j'y consens, comme un dieu familier.

Tel est mon sentiment; mais la foule idolâtre

Conserve un culte aveugle à la pipe mulâtre,

Et regarde toujours avec recueillement

Le mortel qui termine un pareil monument.

C'est à tort qu'on en fait une occulte science :

Voulez-vous éclairer votre inexpérience ?

Peu de mots suffiront : sans vider le brûlot,

Chargez, chargez toujours sur le même culot,

Fumez-le lentement sans brutale secousse ;

Vous le verrez bientôt prendre une teinte rousse,

Assombrir par degrés son cordon régulier,

Jusqu'à ce que, formant un superbe collier,

Il étale, à la fois, sa couleur blanche et noire,

La culotte d'ébène et le turban d'ivoire.

D'une leçon plus longue épargnez-moi le cours :

Au lieu de vous nourrir des plus savans discours,

Des divans populeux respirez la fumée,

Hantez les vétérans de haute renommée,

Tels que deux professeurs dont l'exemple et la voix

A mon peu de science aidèrent autrefois,

Vénérables patrons dont je me glorifie,

Et dont Plutarque eût fait une biographie.

Souffrez que j'en esquisse un sommaire succinct :

Le premier florissait en mil huit cent vingt-cinq,

Dans un estaminet que l'univers fréquente (9),

Si l'on en croit du moins son enseigne marquante ;

Meunier était son nom ; tailleur de son état,

Il n'était point jaloux d'y jeter de l'éclat ;

De ses rares clients il ne s'occupait guères,

Et, loin de l'établi, libre d'œuvres vulgaires,

Tournant vers un autre art ses soins intelligens,

Il culottait bien mieux les pipes que les gens.

C'était là sa maison, son temple, sa patrie ;

Absorbé tout entier par sa noire industrie,

Seul, dans un angle obscur, le plus souvent debout,

Pour les propos oiseux il montrait peu de goût ;

Quelque bruit qui provînt par côté, par derrière,

Des joueurs de billard ou des buveurs de bière,

Sa tête restait fixe et ses yeux seulement

Vers la droite ou la gauche erraient obliquement.

Jamais instituteur, pour former un élève,

N'en fit autant que lui son étude, son rêve ;

Afin d'intervaller chaque aspiration

Avec plus de mesure et de précision,

O triomphe de l'art ! ô sublime scrupule !

Il se plaçait toujours devant une pendule,

Toujours avec le soin de choisir un endroit

Où ne l'atteignit pas le courant d'un air froid.

Je l'ai vu quatorze ans, sans perdre une seconde,

Par cette vie austère édifier le monde ;

Mais d'un pareil métier comment ne point pâtir ?

Ainsi que le héros il en fut le martyr :

Une nuit que, rentrant plus tard que d'habitude,

D'une pipe rétive il poursuivait l'étude,

Un spasme du larynx, précurseur du trépas,

L'avertit que tout n'est que fumée ici-bas,

Et son âme quitta sa poitrine étouffée

Dont le dernier soupir eut l'air d'une bouffée.

L'autre son digne émule et son contemporain,

C'est Teissier, dont le nom doit vivre sur l'airain (10).

Possesseur d'un Café dont il était l'idole,

Dans ce laboratoire il ouvrit son école ;

C'était là, qu'entouré d'auditeurs studieux,

Pour le voir et l'entendre accourus de tous lieux,

Sous un air familier de simples causeries,

Il leur développait ses hautes théories.

Proscripteur acharné du clinquant et du faux,

Il lui fallait des blocs d'écume sans défauts,

Des montures d'argent chefs-d'œuvre des orfèvres ;

L'ambre seul effleurait ses dédaigneuses lèvres ;

Loin de lui le tuyau bistreux et routinier

Qui faisait le bonheur du modeste Meunier !

Loin de lui ces hochets que la mode fantasque

Orne de mascarons ou couronne d'un casque !

Il eût cru déroger d'approcher de ses dents

La lourde pipe d'Ulm aux ronceux accidens (11),

Ou celle de Bavière, hostile porcelaine,

Qui sèche la poitrine en échauffant l'haleine,

Compagne de malheur, aux ardentes parois,

Où l'amateur distrait colle souvent ses doigts.

A peine, admirait-il dans les filles de Vienne

Leurs gracieux contours, leur taille aérienne,

Car il n'ignorait pas avec combien d'efforts

Un coloris parfait anime ces beaux corps.

En un mot, il pensait et posait en maxime,

Qu'une seule valait l'honneur de notre estime,

La pipe de Francfort et du peuple Hambourgeois

Dont la forme ressemble au pot-au-feu bourgeois,

La seule qui vraiment arrive au teint d'ébène,

Et d'un maître attentif récompense la peine.

Et c'était une fête, une solennité

Que le jour où, devant un public invité,

Souvent, après six mois d'attente et d'insomnie,

Déchirant tout à coup l'enveloppe ternie,

Il découvrait enfin l'éclatante couleur

D'un bloc mystérieux, centuplé de valeur.

3.

De riches cabinets ont acquis ces merveilles,

Et sans doute l'artiste en construit de pareilles,

Car, Dieu merci, la Parque a respecté ses jours,

Il ne professe plus, mais il fume toujours ;

A la salle où jadis Meunier fit sa demeure,

Chaque jour on le voit se rendre à la même heure,

Et ses concitoyens, instruits par ses talents,

Honorent ses cheveux et ses favoris blancs.

CHANT DEUXIÈME.

LE CIGARE.

Chant Deuxième.

LE CIGARE.

S'il est vrai que l'Espagne inventa le cigare,

Nous devons la bénir pour un bienfait si rare ;

Et sans doute, en laissant la Havane en sa main,

Le ciel l'en récompense au nom du genre humain.

Je conçois, puisque c'est elle qui le recueille,

Qu'elle aime à consommer la plus exquise feuille ;

Mais je n'arrive pas à m'expliquer, comment

Ce peuple, qui du goût a le haut sentiment,

Ravalant son orgueil au goût de la Lorrette (1),

A fait un pacte indigne avec la cigarette,

Et semble préférer, au Havane de choix,

La senteur d'un chiffon qui lui jaunit les doigts.

Je conçois encor moins que la France consomme

Une telle denrée, et qu'il s'y trouve un homme

Pour brûler, au hasard d'en être suffoqué,

Le *papel* espagnol à Paris fabriqué (2).

Se peut-il que l'État, dans ses manufactures,

S'abaisse à fabriquer ces frêles miniatures,

Et que dans les bureaux ouverts au bon public

On prenne au sérieux un si mince trafic ?

En vérité, je plains l'homme qui peut s'y faire ;

En vain d'un lourd nuage il charge l'atmosphère,

A ce triste exercice il a beau s'escrimer,

C'est jouer au cigare et nullement fumer.

Laissons les écoliers, les jeunes demoiselles

Nourrir leur appétit de ces maigres parcelles ;

La poitrine de l'homme est d'un tempérament

Qui digère sans peine un plus fort aliment ;

Elle se débilite à ce régime fade ;

On pourrait, au besoin, en manger en salade.

Remarquez, au surplus, que ce diminutif

N'offre à ses partisans qu'un bonheur fugitif,

Qu'il arrive à sa fin aussitôt qu'il débute,

Et veut un successeur au bout d'une minute.

Ainsi que tout fumeur, j'ai pour épouvantail

Tout plaisir qu'on n'obtient qu'à force de travail ;

Or, rouler constamment, en forme de gargousse,

Un papier qui se perd sous l'index et le pouce,

C'est un souci pour moi pénible et trop fréquent ;

Je suis un amateur et non un fabricant.

Au nombre des joujoux il faut ranger encore

Ces substances sans nom qu'Hippocrate élabore

Et vend, dans sa boutique en bocal ou flacon,

Avec la thériaque et le catholicon;

Il est vraiment honteux que la mode associe

Le bureau de tabac avec la pharmacie,

Et que, par ordonnance, on fume de nos jours;

Le crédule malade adopte ce concours;

Pour nous, qui savons bien que la feuille exotique

Perd toute sa vertu dès qu'on la sophistique,

Rougissons de nous prendre à ce leurre inventé

Pour tromper à la fois le goût et la santé.

Faut-il que chaque jour, outre un pareil négoce,

On soit mystifié d'une manière atroce,

Sans que de s'en fâcher il soit même permis!

Il n'est rien que je craigne autant que ces amis

Qui, d'un air protecteur, sitôt qu'on les approche,

Se hâtent de tirer leur étui de la poche,

Et vous disent toujours, en vous tendant la main :

« Prenez, vous m'en direz des nouvelles demain. »

Comment faire ? un refus aurait l'air d'une injure ;

Vous acceptez ; eh bien ! je vous fais la gageure,

Que, si vous consommez cet ingénu présent

Vous en conserverez un souvenir cuisant.

Que de piéges tendus à notre bonhomie !

Soit par raffinement, soit par économie,

Bien des consommateurs pensent, de bonne foi,

Que tout cigare est bon dès qu'il fraude la loi,

Et regardent toujours, comme chose friande,

Ce que sous son manteau serre la contrebande.

Oh ! qu'il leur est aisé de contenter leurs vœux !

Et que d'occasions à saisir aux cheveux !

4

Tantôt un capitaine, arrivé de Manille,

Consent à vous céder sa rare pacotille ;

Tantôt un conducteur, factotum des badauds,

Rapporte des trésors de Lille ou de Bordeaux ;

Ceux-ci, parfaits au fond, quoique assez laids d'écorce,

Viennent de Gibraltar, de Malte ou de la Corse ;

Ceux-là furent donnés, au dire du vendeur,

A certain député, par un ambassadeur,

Pour juger leur mérite il suffit qu'on les hume ;

Ce paquet fut acquis à la vente posthume

D'un riche et vieux garçon qui s'y connaissait bien,

Il les paya fort cher, on les donne pour rien.

Quelle *banque !* pour peu que votre homme vous gagne,

Il vous colloquera quelque vin de Champagne,

Autre article équivoque et toujours au rabais,

Qui pour un bon hasard en offre cent mauvais.

Voyez-vous, la plus sûre et meilleure manière,

C'est quand on veut de l'eau d'en prendre à la rivière ;

Voulez-vous un cigare ? allez tout bêtement

Au bureau patenté par le gouvernement,

Allez au plus voisin ; à moins qu'il ne marie·

Les fils de la Havane avec l'épicerie,

Au point que ses cliens, trompant leur estomac,

Fument du Roquefort et mangent du tabac (3).

Hors ceux-là, je leur rends une justice égale.

Mais, en vous indiquant la boutique fiscale,

Je suis loin, et bien loin, tant j'y fus pris souvent ,

D'étiqueter pour bon tout ce qu'elle nous vend ;

Il faut être fumeur échappé de l'école

Pour puiser au hasard dans la boîte espagnole,

Mélange symétrique, où le même cordon

Enlace le mauvais, le passable et le bon.

Choisissez ! mais ce choix demande un soin extrême,
Et de hautes leçons sujet d'un long poème :
Heureux si dans ces vers, trop hâtés et trop courts,
Mon faible enseignement vient à votre secours !

Pour l'homme qui n'est point un malheureux profane,
Sous la voûte du ciel il n'est que le Havane ;
Le soleil qui le dore en est enorgueilli ;
Le reste ne vaut pas l'honneur d'être cueilli (4).
Pourvu qu'en arrivant de sa course Atlantique,
Il ait bien constaté sa naissance authentique,
Donnons-lui notre amour, sans attacher les yeux
Sur la forme qu'il doit à l'art capricieux :
L'un vers les *Trabucos* tourne sa fantaisie (5) ;
Sur les *Panetelas* un autre s'extasie ;
Celui-ci rend hommage au seul *Régalia*
Et pour d'autres jamais ne se mésallia.

En effet, ce dernier est le plus populaire,

A l'œil comme à la bouche, il a le don de plaire,

Et c'est presque le seul que, par lourds tombereaux,

Le royal monopole envoie à ses bureaux.

Le fumeur opulent qui soigne ses emplettes

Ne procède qu'en bloc et par boîtes complètes ;

Il les laisse vieillir, et dans ce réservoir

Pour les besoins du jour il aime à se pourvoir.

Je ne l'approuve pas : bien qu'il ait dans la caisse

Vérifié, d'avance, une homogène espèce,

Dans ces écrins de bois, où, sur un lit pareil,

Les bijoux de Cuba dorment d'un long sommeil,

Près de l'or le plus pur l'alliage se couche ;

Attendez qu'on les passe à la pierre-de-touche ;

Plus d'un tiers, bien souvent, matière de rebut,

Du triste accapareur désappointe le but ;

4.

Hélas ! au poids de l'or il a payé le cuivre !

Ma méthode est meilleure, et vous pourrez la suivre ;

Mais, je vous en préviens, c'est un rude métier :

Il vous faudra courir, souvent un jour entier,

Comme un basset qui suit le gibier à la piste ;

De quartier en quartier flairer le buraliste,

Au lieu le plus lointain, au coin le plus obscur,

Quel que soit le degré que marque Réaumur.

Ainsi le bouquineur poursuit une trouvaille

Du pont de la Concorde au quai de la Ferraille.

Là vous furetez les noirs compartiments

Où languissent parfois de vieux trésors dormants,

Des jaunâtres caissons vous ferez l'ouverture,

Vous explorerez tout, comptoir et devanture.

Dussiez-vous n'obtenir, pour prix de tant de soins,

Que cinq ou six pour cent, et même beaucoup moins,

Dussiez-vous ne glaner qu'un seul épi par gerbe,

Vous pourrez vous vanter d'un résultat superbe,

Et vous vous traînerez le soir à la maison,

Morfondus, mais chargés d'une riche moisson.

Vous le voyez, il faut du temps et de la peine

Pour ce métier, qu'un fiacre entreprendrait à peine ;

Maintenant, avez-vous du nerf et du loisir,

Adieu, partez ; surtout, songez à bien choisir.

C'est ici que commence une profonde étude :

Rejetez tout sujet dont l'enveloppe est rude,

Inégale, rugueuse, imitant le velours,

Ceux qui sont à la main trop légers ou trop lourds,

Surtout ceux où l'on voit, pour funestes indices,

Des côtes serpenter en forme de varices,

Et ceux de qui le teint, diapré d'un vert faux (6),

D'un mal intérieur accuse les défauts.

Entre tout ce qui passe en vos mains vagabondes,

Prenez les jaunes-bruns semés de taches blondes,

Signe, à peu près certain, d'éminente bonté
Que l'acide imposteur n'a jamais imité.

De tout cigare humide abominez l'usage :
Ainsi, quand la marchande au gracieux visage,
Pour honorer en vous un illustre fumeur
D'un paquet odorant vous offre la primeur,
Avant tout examen, donnez la préférence (7)
Aux neuf ou dix, serrés à la circonférence ;
L'air en les effleurant a séché ce contour,
Mieux que l'intérieur qui ne voit pas le jour.

Voilà par quels travaux, en peu de mois peut-être,
D'un riche capital vous deviendrez le maître ;
Au lieu de l'enfouir au fond d'un coffre noir,
Qu'il soit éparpillé dans un vaste séchoir ;
N'entamez pas d'abord des richesses si rares,
Pendant au moins un an, imitez les avares ;

Avant de les fêter et d'en goûter le prix

Accordez le repos à ces hôtes chéris

Qui, dans ce laps de temps où la nature opère,

Eprouvent une crise empreinte de mystère :

Quand ces beaux Espagnols, étrangers soucieux,

En quittant la Havane, arrivent sous nos cieux,

A peine entre les murs de l'avare Régie,

Ils sont, ainsi que l'homme, atteint de nostalgie,

Abattement fiévreux qui trouble les humeurs

Et pointille leur peau de blanchâtres tumeurs;

Il en est qui, trois fois, tombent en récidive (8),

Jusqu'à ce que le temps, qui tue ou qui ravive,

Ramène dans leur corps, enfin acclimaté,

Le coloris natal, la vie et la beauté.

Quittons, il en est temps, la haute métaphore.

Vos cigares sont secs ; mais il vous reste encore

Une dernière peine, ou plutôt un plaisir;

Il faut savoir fumer ce qu'on a su choisir.

Or, je dois mes conseils au fumeur qui s'égare

Dans l'art de gouverner la marche du cigare :

Avant de l'allumer, ayez soin que d'abord

De votre lèvre humide il effleure le bord,

Moyen de prévenir les disgrâces fortuites

D'une robe trop sèche ou d'invisibles fuites.

Ne vous rebutez pas, si dès le premier feu,

Il seconde assez mal l'ardeur de votre vœu;

Vos doigts, en le pressant, le rendront moins rebelle,

Et peut-être plus tard il aura trop de zèle;

Modérez ses transports; il est de mauvais ton

De montrer à cette œuvre un appétit glouton;

Quand vous voyez quelqu'un dont l'haleine oppressive

Vomit par tourbillon une vapeur massive,

Estompe ses voisins de nuages fumeux

Et dans un noir chaos s'enveloppe comme eux,

Vous pouvez hardiment dire : c'est un novice.

L'habitude contraire est un aussi grand vice ;

On rit de l'amateur distrait ou maladroit

Qui lutte, à son insu, contre un cigare froid,

Qui par la pression de sa bouche impuissante,

Sollicite avec bruit une fumée absente,

Et pour ressusciter le foyer des parfums,

Fatigue ses amis d'inutiles emprunts.

Le vrai fumeur s'abstient d'imiter le Vésuve,

Sa lèvre, à temps réglés, jette un léger effluve,

Sa frugale sagesse offre un juste aliment

Au brasier qui rayonne et monte carrément,

Il démontre, au besoin, que durant trois quarts d'heure

Un cigare en ses mains peut rester sans qu'il meure,

Pourvu qu'il soit de ceux qui filent jusqu'au bout,

Donnent la cendre blanche et la tiennent debout ;

D'une exquise valeur tel est le caractère.

Lors donc que vous verrez, aux rebords du cratère,

Une cendre ardoisée, un cercle de charbon,

De ce noir pronostic n'attendez rien de bon;

Vous allez voir changer leur couleur et leur forme :

L'un bouffit son contour d'un bourrelet énorme ;

Un autre, tel que doit en débiter l'enfer,

Racornit son ruban comme du mâchefer ;

Celui-ci, qui d'abord brûlait à la sourdine,

Transperce tout à coup sa prison qu'il calcine,

Et semble regarder, avec des yeux ardents,

Le fumeur consterné qui le tient sous ses dents.

Vainement, dans l'espoir que ce début funeste

N'est qu'un vice local qui n'atteint pas le reste,

Vous les coupez dix fois par l'un et l'autre bout,

Le mal incorrigible est le même partout ;

Plus vous les soumettrez à l'ardente torture,

Plus ils révèleront leur perverse nature,

Plus leurs âcres parfums trahiront au dehors

L'odieux Maryland qui rembourre leur corps (9).

Vous ne dompterez par leur naturel farouche ;

Jetez avec horreur ces poisons de la bouche,

Et ne révélez pas une ignoble douleur,

En pleurant sur le prix de leur fausse valeur.

Au luxe du Havane alors qu'il se décide,

L'homme doit être exempt de tout regret sordide,

Et ne pas calculer avec affliction

Les centimes que vaut chaque aspiration.

Je déclare Harpagon, grippe-sou, pince-maille,

Digne enfin de tomber jusqu'au cigare à paille,

L'indélicat fumeur qui ramassé avec soin

Les restes de sa bouche oubliés dans un coin,

Et, le nez sur la flamme, obstinément ravive

Ces tronçons imbibés d'une vieille salive (10).

Si le sort a voulu que nous soyons de ceux

Qui charment, à grands frais, leurs ennuis paresseux,

5

Tâchons, tâchons du moins, que ce luxe s'expie,

En le faisant tourner à la philanthropie :

L'indigent a des droits à nos biens superflus,

Ce que nous rejetons ne nous appartient plus.

Quand, au Palais-Royal, l'homme heureux se pavane,

En semant les parfums de son noble Havane,

Complément obligé des dîners de Véfour ;

Quand, après une nuit de champagne et d'amour,

De nos lions fumeurs la troupe évaporée

Déborde avec fracas de la Maison-Dorée,

Qu'ils ne se baissent pas, si glissant de leur main

Un trésor allumé tombe sur le chemin ;

Que dis-je ? cet effort, quoique digne d'estime,

N'est qu'un acte vulgaire, il peut être sublime :

Qu'ils jettent quelquefois par libre volonté

Ce passe-temps coûteux qui fait leur volupté (11) ;

L'épave du trottoir ne sera pas perdue :

Le pauvre chiffonnier, ver-luisant de la rue,

Le boueur matinal dont le balai de houx

Nous fait, quand nous dormons, notre pavé plus doux,

Dans de confus débris fouillés à l'aventure,

Du brûle-gueule à jeun trouveront la pâture,

Et pourront un moment supporter leur destin,

En cueillant cette miette échappée au festin.

CHANT TROISIÈME.

—◦—

LE TABAC.

Chant Troisième

LE TABAC.

Chaque jour, au milieu de nos douces extases,
On nous fait essuyer un déluge de phrases,
Entre autres, celle-ci, qui vient les résumer :
« Mais quel si grand plaisir trouvez-vous à fumer ? »
Que répondre ? Je laisse aux raisonneurs sublimes
Le soin d'analyser les mystères intimes

D'une folle vapeur que dissipe le vent ;

Je n'ai pas le malheur de fumer en savant.

Faut-il que, non content du bonheur en lui-même,

L'homme prétende encore être heureux par système,

Et recherche avec peine, en goûtant un plaisir,

Quelle invisible route il prend pour le saisir ?

Au lieu de disséquer la merveilleuse plante

Qui verse à nos ennuis sa vertu consolante,

Esclave insoucieux d'un goût matériel,

J'en savoure l'arome inventé par le ciel.

Je sais que cet arome, alors que je l'aspire,

Pour maîtriser mon âme avec un tel empire,

Doit sans doute ébranler quelques faisceaux nerveux

Des organes subtils qui sont sous mes cheveux ;

Mais pourquoi, quand ce gaz en mon cerveau pénètre,

Tel nerf et non tel autre agit sur tout mon être ;

Pourquoi ce même nerf, par son ébranlement,

Produit toujours la joie et non l'abattement ?

Je l'ignore, et je crois qu'aux yeux même des sages,
Cette plante magique offre d'épais nuages.

A peine sommes-nous parvenus à savoir
Lequel, entre nos sens, subit mieux son pouvoir ;
D'ineffables attraits le ciel l'a-t-il pourvue,
Pour charmer l'odorat plutôt que pour la vue ?
Ce problème pour moi n'est plus mystérieux :
Le tabac est brûlé pour le plaisir des yeux (1).
Essayez la vapeur d'une feuille inodore,
Avec quelque bonheur vous fumerez encore,
Pourvu que vous voyiez son tissu transparent
Qui dans l'espace bleu monte en se déchirant ;
Le sens de l'odorat n'est donc là qu'accessoire.
Renfermez un fumeur dans une chambre noire,
Dont nul rayon du jour ne perce l'épaisseur ;
Quand même, en ce moment, il serait possesseur

De la noble chibouque où brûle et s'évapore

La feuille réservée au Seigneur du Bosphore,

L'eût-on, durant trois jours, pour aiguiser sa faim,

Privé de l'aliment qu'il aime avant le pain,

Insensible aux douceurs de la plante embaumée,

Il en dédaignera l'invisible fumée,

Et sa pipe, impuissante à dompter son ennui,

Sous son cratère éteint tombera devant lui.

(Notez, qu'en supposant cette épreuve barbare,

Je parle de la pipe et non pas du cigare ;

Celui-ci dans la nuit conserve son pouvoir,

Et transmet à nos yeux la faculté de voir ;

A l'éclat du foyer que notre souffle active,

Nous suivons, en rêvant, sa vapeur fugitive

Qui nage avec lenteur par de sombres chemins,

Aux lueurs de ce phare élevé par nos mains.)

Oh ! si de notre sort l'arbitre tutélaire

Verse jamais sur nous ses trésors de colère,

Puisse-t-il, pitoyable en sa sévérité,

Épargner à nos yeux la triste cécité !

N'en doutons point, hélas ! la plus cuisante peine

Qui puisse désoler la créature humaine,

C'est celle que subit, sans espoir de retour,

L'infortuné fumeur déshérité du jour ;

Quelque désespérant que soit à sa pensée

Le regret d'une époque en son âme fixée,

Où sa bouche exhalait ces spirales sans fin

Dont la pointe s'émousse aux pieds du séraphin ;

Quelques larmes qu'il verse, en élevant la face,

De ne plus retrouver l'immensurable espace,

De ne plus distinguer l'aurore, à son réveil,

Le lever, le midi, le couchant du soleil ;

S'il pouvait seulement, en crispant ses narines,

Se pâmer aux parfums de nos vapeurs divines,

Si par un sens unique il sentait les appas

D'un bonheur que ses yeux ne contempleraient pas,

Sans doute, qu'arraché de sa morne atonie,

Il sécherait, parfois, sa paupière ternie,

Et, levant vers la nue un front moins soucieux,

Il se consolerait de ne plus voir les cieux.

Hormis cette souffrance, il n'en existe aucune

Dont ce lok vaporeux ne calme l'infortune :

Interrogez celui dont les traits grimaçants,

Sous un spasme nerveux se crispent en tous sens;

Celui qui, possédé de rages convulsives,

Livre au Paraguay-Roux ses ardentes gensives;

L'irritable goutteux hurlant dans un fauteuil;

Le client de Ricord que les amours en deuil

Contemplent au milieu des onguens et des fioles;

Celui qui mord sa couche en invoquant d'Etioles;

Tous vous confesseront, qu'aux plus cruels momens,

Ce grand électuaire adoucit leurs tourmens ;

Ils retrouvent en lui le fabuleux dictame.

Et vous qui connaissez les tortures de l'âme,

Amans trompés, époux indignement flétris,

Ambitieux déchus, poètes incompris,

Acteurs chutés, boursiers tombés avec la rente,

Joueurs dévalisés par le *trente-et-quarante*,

Vous même dont les yeux versent des pleurs amers

Sur l'absence ou la mort des êtres les plus chers,

Vous tous qui n'êtes pas assez grands philosophes

Pour subir froidement ces rudes catastrophes,

Dites-nous, au moment où votre déraison

Délibère entre l'eau, le fer et le poison,

Au bord du gouffre où nul ne vient vous crier, Gare !

Quel pouvoir vous retient, qui vous sauve? un cigare...

Moralistes profonds, fléchissez le genou ;

C'est un brin d'herbe sèche, un atome, un joujou,

6

Qui dans le noir cerveau porte un rayon lucide :

Rarement le fumeur se porte au suicide.

Et s'il le faut, pourtant, ce même reconfort

Qui rattache à la vie encourage à la mort :

Quelquefois, au moment où la voix de l'horloge (2)

Tire le condamné de sa dernière loge,

Pour arriver debout devant l'oblique acier,

Entre l'abbé Montès et le grand justicier,

Il demande, par grâce, une pipe allumée,

Dévore avec transport sa vapeur bien aimée,

Et calme, gravissant l'échafaud, sans soutien,

Meurt en homme du moins, s'il ne meurt en chrétien.

O des grandes douleurs infaillible remède (3) !

C'est encor toi, toi seul qui prodigues ton aide

A ces peines sans nom, à ces vagues chagrins,

Eternel chapelet dont nous comptons les grains.

Que fait le prisonnier, affadi par l'eau claire,

Entre les quatre murs d'un boudoir cellulaire ?

Il fume. Et le soldat, cavalier ou piéton,

Qui d'un lieu trop moral subit la garnison?

Il fume, et la vapeur qu'il confie à la brise

Semble, avec son amour, voler vers la payse.

Il fume encore, et, certe, il en a le loisir,

Celui qui, lanciné d'un amoureux désir,

Sous l'incommode abri d'une porte cochère,

Épie au rendez-vous une amante trop chère;

Oublierait-il qu'il est sur des charbons ardents,

Sans cet autre tison qui brûle entre ses dents?

Vous rencontrez souvent sur les ourlets des routes

Ces pauvres colporteurs, suant à larges gouttes,

Qui se traînent, depuis leur réveil matinal,

Vers l'enseigne qui loge à pied comme à cheval :

Voyez ce qui soutient leur fatigue mortelle,

Ce qui rend plus léger le poids de leur bretelle,

C'est une vieille amie, une pipe d'un sou

Qu'embrase à chaque instant le classique amadou ;

Au feu de sa fournaise ils brûlent leurs étapes.

Pour vous qui voyagez comme de vrais satrapes,

En guimbarde, coucou, patache ou tombereau,

Par Laffitte et Caillard ou par le Grand-Bureau,

Vous avez éprouvé l'éternité de l'heure,

Quand vos yeux, attachés sur la vitre qui pleure,

Poursuivent, tristement, de détours en détours,

Les clochers villageois qui reculent toujours ;

Mais que, dans ce moment, une côte paraisse,

Ou que vos compagnons, plaignant votre détresse,

Annoncent au cigare un tolérant accueil,

Tout à coup un rayon sort de vos yeux en deuil;

Que vous font les retards de la lourde machine ?

Que vous importe l'heure et l'endroit où l'on dîne ?

Vous marcheriez ainsi, de relais en relais,

Sans prendre un seul bouillon, de Marseille à Calais.

Voulez-vous un tableau plus grand, plus poétique?

Transportez le fumeur au sein de l'Atlantique,

Alors que, ranimé par la fraîcheur du soir,

Il arpente le pont de la *barre* au *bossoir*,

Et jette une vapeur qui, par le vent poussée,

Emporte à chaque souffle une haute pensée

Où ne se mêle plus le souvenir amer

De tant de jours d'angoisse, assombris par la mer.

En vérité, parfois, durant ces nuits mauvaises

Où l'esprit se cahote entre mille hypothèses,

Je me suis demandé, non sans pâlir d'effroi,

Quel serait le destin des hommes tels que moi,

Si le ciel extirpait des terrestres domaines

Le roi des végétaux qui calme tant de peines ;

Honorables fumeurs ! que feriez-vous sans lui ?

Vous vous tordriez de rage ou sécheriez d'ennui,

6.

L'ennui qui, dans la vie ainsi que dans un bagne,

Comme un forçat muet, partout nous accompagne,

Tœnia de l'esprit, chronique empoisonneur

Qui ronge le plaisir et rouille le bonheur ;

Un sinistre marasme étoufferait le monde.

Qui de nous, en ces jours de tristesse profonde,

Où l'aiguille du temps redouble de lenteur,

N'a mille fois béni ce grand consolateur ?

Le monde entier se mêle à nos dignes hommages :

Du centre des cités, des plus arides plages,

De la tente conique où campe le soldat,

De la molle ottomane et du plus dur grabat,

Des prisons, des palais, des abîmes de l'onde,

Du fond des ateliers que la sueur féconde,

Vers la voûte du ciel, notre père commun,

Un hymne universel monte avec son parfum.

Il faut bien l'avouer : d'un angle de la salle

Quelques sons discordans sortent par intervalle ;

D'anonymes frondeurs, attristés d'un plaisir

Qu'avec leurs sens obtus ils ne peuvent saisir,

Affectent de troubler notre ivresse idolâtre.

Ainsi que le ligueur du tableau d'Henri Quatre (4),

Qui, seul, le front baissé, se traînant à l'écart,

Jette aux groupes joyeux un oblique regard,

D'un peuple tout entier ils blasphèment le culte.

C'est à moi d'étouffer leur voix qui nous insulte ;

Paraissez au grand jour, ennemis des fumeurs !

Il n'est plus temps d'agir par de sourdes clameurs,

Formulez vos griefs ; je suis prêt à répondre :

Le tabac, dites-vous, rend l'humeur hypocondre,

Pareil à l'opium, homicide fléau,

Il hébête l'esprit, énerve le cerveau,

Paralyse les sens, dessèche la poitrine,

Allanguit les ressorts de toute la machine,

Et la pousse à grands pas vers la destruction,

Par l'amaigrissement et la consomption.

Eh quoi ! vous comparez notre sainte ambroisie

A ce poison mortel qui décime l'Asie,

Et que le peuple anglais, politique sournois,

Vend, par philanthropie, aux célestes Chinois!

Sans doute, comme lui, dans des heures trop brèves,

Elle meuble l'esprit de poétiques rêves,

Elle apporte au cerveau, chargé de noirs ennuis,

Les tableaux chatoyans des *Mille et une Nuits ;*

Mais, jamais comme lui, même à l'abus poussée,

La voit-on abrutir les sens et la pensée?

La voit-on, comme lui, tourner notre transport

A l'appétit du sang, du meurtre et de la mort?

Avez-vous, quelquefois, rencontré dans nos rues,

Des fumeurs, possédés de fureurs impromptues,

Sillonner, en hurlant, le public consterné

Et frapper les passans du cric empoisonné ?

L'Inde assiste souvent à cette boucherie.

Vous parlez de maigreur : c'est une raillerie,

Sans doute ; nos fumeurs ne se distinguent point

Ni par trop de maigreur ni par trop d'embonpoint.

Vraiment, vous nous plaignez de maux imaginaires

En découvrant en nous des êtres poitrinaires ;

Personne parmi nous n'a de mauvais poumons,

Ou, du moins, ce n'est pas parce que nous fumons ;

Pour moi, depuis vingt ans que, ferme en mes principes,

Je dépense mes jours en cigares ou pipes,

J'en ai plus consommé que le docteur Albert

N'a collé d'écriteaux en papier rouge ou vert (5) ;

Et pourtant, sans avoir la largeur d'un Alcide,

Je n'ai point éprouvé leur effet homicide,

Et j'espère finir en soufflant leur vapeur,

Sans la consomption qui vous fait tant de peur.

«Mais enfin, direz-vous, la preuve manifeste

Que cette herbe a pour l'homme un résultat funeste,

C'est, qu'en faisant l'essai de ce plaisir nouveau,

Il sent monter son cœur et tinter son cerveau,

Et, ne pouvant dompter son goût antipathique,

Rejette avec horreur cet affreux émétique.»

Eh ! bon Dieu ! vous verrez grimacer l'Iroquois

En buvant notre vin pour la première fois,

Et vous-même, aujourd'hui, vous adorez à table

Tel mets qui, bien long-temps, vous parut détestable.

S'il est vrai que parfois ce prétendu poison

Donne à nos débutans certaine pamoison,

Ce n'est là qu'une épreuve, un passage un peu rude ;

Il s'agit seulement d'en prendre l'habitude ;

Leur corps revient bientôt à son état normal ;

Le mal porte avec soi l'antidote du mal,

Et toujours, en ce cas, la cure est garantie

Pourvu qu'on ait recours à l'homœopathie.

— «Fort bien ; mais niez-vous les dégâts évidents

Que la noire fumée imprime sur vos dents ?

Niez-vous que l'odeur de cette plante immonde

Trahit votre présence à vingt pas à la ronde,

Et jusqu'en vos cheveux, de l'âcre calumet

A travers l'huile antique, incarne le fumet ?»

J'en conviens ; mais ici, comme en ce qui précède,

Le mal au mal lui-même offre encore un remède :

Si, parfois, notre bouche, éternel soupirail,

Accuse le tabac de jaunir son émail,

Cette même substance, en cendre consumée,

Rend aux dents la blancheur que noircit la fumée.

Quant aux âcres parfums qui nous suivent partout,

Je suis vraiment fâché qu'ils blessent votre goût ;

De mon côté j'éprouve un accès de névrose,

Dès que je sens le musc ou l'essence de rose,

Et plus d'un beau salon qui reçoit le fumeur

S'insurge avec dégoût devant le parfumeur.

C'est assez, c'est trop même épancher de paroles

Pour submerger à fond des argumens frivoles ;

Terminons ces débats. Qu'importe le courroux

D'une minorité clabaudant contre nous ?

Chaque jour nous voyons de nombreux prosélites

Grôssir avec ferveur nos rangs cosmopolites,

La race qui grandit est dans le mouvement (6).

Ce ne sont point des cris jetés isolément

Qui pourront arrêter l'œuvre qui se consomme,

Car, tout ce qui concourt au bien-être de l'homme,

Quelque effort que l'erreur mette à le contenir,

Monte avec plus d'élan dans l'immense avenir.

Deux grands événements signaleront cette ère,

Le règne du tabac et du charbon de terre,

D'un côté, l'industrie, un compas à la main,

D'un bout du monde à l'autre, aplanit un chemin,

Si d'abord la routine, en sa marche rétive,

Obstrua les rail-way de la locomotive,

Déjà la malle-poste, humble comme un fourgon,

Sollicite une place au départ du wagon,

Et les chevaux, réduits au rôle secondaire,

Flânent, par intérim, vers le débarcadère.

D'un autre, le cigare, objet d'un long mépris,

Par la raison commune est à la fin compris;

Le fumeur, si long-temps traqué par l'étiquette,

Marche d'un air qui dit : Le monde est ma conquête;

Et libre dans son culte, admiré des passans,

Sur l'asphalte public lance des flots d'encens.

Qu'une sainte alliance entre nous soit formée,

Mêlons à l'avenir l'une et l'autre fumée;

Le premier pas est fait, courage ! poursuivons :

Le Progrès est le Dieu du siècle où nous vivons;

Debout sur un tender, le cigare à la bouche,

Comprimant sous ses pieds la routine farouche,

7

Il entraîne à son char l'électrique convoi

Des peuples fraternels qu'il range sous sa loi ;

Sa force inépuisable augmente avec sa course (7) :

Du levant au couchant, du midi jusqu'à l'Ourse,

Sur des ponts, sous des ponts, gigantesques travaux,

Au milieu des saluts, des houras, des bravos,

Il franchit, en dressant ses deux grandes bannières,

L'immensurable cours d'un chemin sans ornières,

Et montre au préjugé, qui pâlit de stupeur,

Son front empanaché d'une double vapeur.

NOTES.

NOTES DU CHANT PREMIER.

---

(1) Il souffle son haleine en regardant les cieux.

Ce vers sur les fumeurs, et les suivans, relatifs aux priseurs, rappellent naturellement le passage si connu d'Ovide :

« *Prona que cum spectent animalia cætera terram,*
« *Os homini sublime dedit, cœlum que tueri*
« *Jussit, et erectos ad sidera tollere vultus.* »

On dirait que l'auteur latin, par une sorte de divination familière aux poètes, a voulu peindre en ces vers l'opposition qui existe entre l'attitude des hommes qui prisent et de ceux qui fument.

(2) Un léger gargarisme adoucit le parfum
    D'un cigare récent, au goût inopportun.

La chimie s'est vainement épuisée à neutraliser complètement l'odeur que laisse à la bouche la fumée du tabac. L'emploi

7.

des cosmétiques spiritueux n'atteint qu'imparfaitement ce but ;
on a mis quelque temps en vogue le prétendu cachou de Bo-
logne, qui n'est autre chose qu'un mélange de réglisse et de
menthe recouvert d'une feuille d'étain ; mais c'est remplacer
une odeur désagréable par une autre qui peut l'être également
au goût de quelques personnes. Bien des fumeurs prônent
aujourd'hui l'eau du docteur Jackson ; le meilleur moyen,
selon nous, est de se brosser les dents et de les rincer avec
de l'eau fraîche.

(3) Depuis le jour qui vit le premier inventeur.

On ne saurait assigner l'époque à laquelle l'usage de la pipe
remonte en Orient et en Amérique. Les navigateurs modernes
ont trouvé cette habitude chez la plupart des peuples qu'ils
ont découverts ou explorés. Elle ne fut importée en Europe
que vers le commencement du xve siècle, et en France que 5o
ou 6o ans après. Cette coutume envahit promptement tous les
royaumes de cette partie du monde, et elle tend, chaque jour
encore, à un plus vaste accroissement. Parmi les peuples les
plus fumeurs on doit compter les Allemands, les Russes, les
Hollandais, les Danois et les Suédois ; la pipe est principale-
ment en honneur dans ces contrées ; les Espagnols fument gé-
néralement, mais ils ne pratiquent guère que le cigare, et
même, il faut le dire, la cigarette. Les Français, long-temps
retardataires, ont enfin marché d'un pas rapide dans la voie
de leurs voisins et sont parvenus à leur hauteur. Ils honorent
également le cigare et la pipe. L'Angleterre et l'Italie sont plus
affectueusement adonnées au tabac en poudre, dont l'usage
n'est que bien postérieur à celui du tabac à fumer.

(4) Heureux le grand seigneur de l'Inde et de la Perse !

Ce mode de fumer ne peut être adopté que par un amateur opulent ; il nécessite des soins continus dans la disposition de l'appareil et dans le renouvellement de l'eau. « Le houka ou oucas, dit M. Armand Grenel, dont la fumée traverse une sorte de bain-marie, parcourt un tuyau de dix à douze pieds et à double courant, ou *gargoulis*, avant d'arriver à la bouche, perd dans son trajet une partie de son calorique et de sa mordicité, c'est-à-dire de ses principes actifs solubles. »

Il existe peu de différence entre le houka et le narguillet ou narkilé, sinon pour la dimension ; ceux de Constantinople sont très hauts. Quelquefois, au lieu du long serpentin élastique, on adapte au récipient un tuyau très court, au moyen duquel les personnes riches s'en servent même à cheval.

(5) Qu'il les paya souvent deux ou trois cents ducats.

La valeur de l'écume est purement idéale et conventionnelle ; une pipe de cette matière varie du prix le plus bas jusqu'à une cherté excessive ; cela dépend de la forme, de la grosseur du bloc, de sa pureté et des ciselures dont elle est ornée ; j'en ai vu une à Vienne qu'on estimait 1,000 ducats, c'est-à-dire plus de 12,000 fr., encore était-elle neuve. Ces raretés d'un prix exorbitant ne circulent pas dans le commerce ; le prix ordinaire d'une belle pipe, parmi nous, est de 100 à 200 fr. Outre les tabletiers qui tiennent ces articles, la plupart de nos bureaux de tabac en offrent aujourd'hui de très beaux assortimens ; c'est un luxe, une nouvelle industrie qui ont fait, depuis 10 ans surtout, d'immenses progrès. Il y a telle boutique à Paris qui consacre un capital considérable à l'acquisition des pipes; la plus riche et la plus complètement assortie est celle de Marot aîné, au Palais-Royal, galerie de Chartes, 20, 21 et 22, en face de Chevet. On voit là des blocs admirables, parmi lesquels plusieurs du prix de 500 fr.; c'est la plus belle collection de la capitale en pipes et en porte-cigares en ambre; c'est là seulement qu'on peut trouver les houkas et les narguillets dans les grandes proportions.

Le fumeur qui fait usage de ces ustensiles distingués ne peut se passer d'une cassolette pour allumer sa pipe ou son cigare; il en trouvera d'exquises, en bronze doré, de toutes formes, chez Susse, place de la Bourse, 31, et chez Alphonse Giroux, rue du Coq Saint-Honoré.

(6) Ces écumes de mer artistement coiffées.

On a long-temps et longuement discuté sur la matière de ces pipes, que nous appelons improprement écumes de mer, sans doute à cause de leur blancheur et de leur légèreté qui les soutient à la surface de l'eau. « C'est, dit-on, une substance minérale *magnésite*. C'est un silicate de magnésie hydraté, composé de 52 parties de silice, 23 de magnésite, 25 d'eau, et ne différant du talc que par la présence de l'eau qui remplace une partie de la silice du talc, quoique M. Beudant soupçonne même la présence de l'eau dans ce dernier minéral. La magnésite pèse de 2, 6 à 3, 4; sa cassure est terreuse, pulvérulente; elle est rude au toucher; elle fond très difficilement au chalumeau en un émail blanc. Le gisement de cette espèce varie depuis le sol intermédiaire jusqu'au sol tertiaire. On la rencontre dans les serpentines intermédiaires du Piémont et de Moravie, dans le calcaire d'eau douce tertiaire des environs de Paris, Saint-Ouen, Montmartre, Coulommiers, du département du Gard; dans un calcaire d'âge indéterminé du mont Olympe d'Anatolie, de Konich et de Négrepont. On se sert de cette substance pour fabriquer de la porcelaine et pour faire des pipes. Les plus renommées viennent du Levant.»

Voici ce qu'on lit ailleurs sur cette matière : « C'est une substance magnésienne qui se taille au couteau comme la pierre de laar, et qui ne se dissout ni ne se pétrit dans l'eau. On l'a désignée aussi sous le nom de talc terreux blanc. Cette terre diffère des autres variétés du talc en ce que son tissu est plus tenace et plus spongieux. Elle est très blanche, fine et onctueuse au toucher. Les Turcs en font des pipes à fumer connues sous le nom d'écumes de mer. Après avoir été sculptée et cuite dans l'huile, elle acquiert une couleur jaunâtre. Les pipes d'écume de mer sont un objet de luxe chez les Orientaux et chez les peuples du Nord : surtout quand, par un long usage, elles ont acquis une belle couleur de café , ce qui leur donne un très grand prix aux yeux des amateurs, qui ont soin de les frotter de cire de temps en temps pour leur faire prendre cette teinte. Quand l'écume de mer est de la plus parfaite qualité, on voit le feu à travers la pipe. Cette substance se trouve en divers endroits de l'Anatolie. Il ne faut pas confondre l'écume de mer avec l'argile de Constantinople, dont on fait en Turquie des pipes communes qui sont d'une couleur rougeâtre. On appelle aussi écume de mer un produit de la composition des varecs, et un alcyon. »

Voilà ce que les savans ont écrit sur cette matière; si nous consultons les opinions verbales des amateurs et des marchands, cette substance est tirée d'une marnière qui se trouve dans le Levant aux environs de Culm, ou Kulm, ville mystérieuse que nous n'avons pu découvrir ni sur les cartes ni dans les dictionnaires géographiques; c'est du nom de cette ville que, par corruption de langage, nous avons, disent-ils, formé le mot d'écume. Quoi qu'il en soit, cette écume est apportée à la foire de Leipzig, d'où elle se répand dans toute l'Europe. Elle arrive en caisse, brute et par blocs carrés d'une extrême blancheur, ayant la consistance de l'argile tant qu'elle est enfermée, mais acquérant beaucoup de dureté dès qu'elle est exposée à l'air, ce qui empêche de la mouler.

Il est rare de rencontrer des blocs sans taches et sans crevasses, ce qui fait la cherté de ceux qui sont d'une pureté irréprochable. Quand l'écume est neuve et brute on la travaille facilement, et des débris ou rognures qui en proviennent on compose, en les pétrissant, une sorte de pâte qu'on façonne également en pipes, mais sans qualité et sans valeur. On assure que les véritables ont la faculté d'être transparentes lorsqu'elles sont chauffées par le brasier intérieur, et qu'elles se ramollissent alors à un tel point qu'on peut les percer facilement avec une aiguille sans qu'elles conservent la trace de cette piqûre: nous avons plusieurs fois tenté ces expériences, mais toujours sans succès.

(7) La pipe demeura suspendue à l'arçon.

Cette anecdote est scrupuleusement historique; la fameuse pipe du feld-maréchal existe encore; elle est entre les mains de M. Oscar Berthier, baron de Lassalle, lieutenant-colonel des chasseurs d'Afrique.

Voici un fait analogue qui doit être regardé comme non moins véridique, car nous le tenons de la bouche même du général Tiburce Sébastiani :

« A la bataille de Viemeyro, en Portugal, le 21 août 1808, n'étant encore que lieutenant de dragons, il y avait dans mon régiment un Alsacien nommé Pitre, vieux cavalier qui avait fait toutes les campagnes d'Allemagne, et dont la peau était toute brochée de cicatrices, un brave à toute épreuve, autant que déterminé fumeur. Avant l'engagement de l'action, il se jette, par manière de passe-temps, sur un groupe de hussards anglais et les charge, à lui seul, avec son intrépidité ordinaire, le sabre au poing et la pipe à la bouche. Cependant l'ennemi se ravise; mon dragon est enveloppé, il tombe dans un fossé; il est renversé de son cheval et assailli par une nuée de hussards; je l'aperçois en ce moment, je galope à son secours avec mon peloton, et j'ai le bonheur de le dégager : « Mon lieutenant, me dit-il, ils m'ont bien donné « (le dragon se servit probablement d'une autre expression), « ils m'ont bien donné des coups de sabre, mais ils ne m'ont « pas dépipé » En effet, sa pipe était encore entre ses « dents. »

(8) Ta pipe fit crisper le grand nez du grand roi.

. Les dimensions de ce petit poëme, et particulièrement celles de ce premier chant, nous ont interdit une plus longue énumération des grands fumeurs militaires; nous en trouverions également une immense, si de l'armée nous passions à l'ordre civil. Ainsi nous parlerions nécessairement du duc de Richelieu, auquel nous avions consacré quelques vers qu'il a fallu retrancher dans le texte pour n'être pas trop prolixe, et que nous donnons ici supplémentairement :

Et, puisque nous parlons des fumeurs de haut lieu,
Terminons en citant le dernier Richelieu:
Quand la mort eut frappé ce chef du ministère,
Des meubles du défunt on dressa l'inventaire,
Et, parmi tant d'objets livrés aux plus offrans,
Les pipes figuraient pour cent dix mille francs.

Ce chiffre énorme n'est pas exagéré. Nous avons parlé d'une écume neuve évaluée douze mille francs ; celle dont l'Empereur fit présent au maréchal Oudinot valait seule trente mille francs, à cause des pierres précieuses dont elle était décorée.

Cependant Napoléon, qui gratifiait si magnifiquement ses maréchaux fumeurs, passe pour avoir eu la pipe en exécration, ce que son goût excessif pour le tabac en poudre semblerait confirmer. On prétend qu'ayant reçu lui-même une superbe pipe d'un ambassadeur persan, il voulut en faire l'essai : « Le feu, dit Constant, ayant été appliqué au récipient, il ne s'agissait plus que de le faire communiquer au tabac ; mais à la manière dont sa majesté s'y prenait, elle n'en serait jamais venue à bout. Elle se contentait d'ouvrir et de fermer alternativement la bouche sans aspirer le moins du monde. « Comment diable ! s'écria-t-elle enfin, cela n'en « finit pas. » Je lui fis observer qu'elle s'y prenait mal, et lui montrai comment il fallait faire. Mais l'Empereur en revenait toujours à son espèce de bâillement. Ennuyé de ses vains efforts, il finit par me dire d'allumer la pipe. J'obéis, et je la lui rendis en train ; mais à peine eut-il aspiré une bouffée, que la fumée, qu'il ne sut point chasser de sa bouche, tournoyant autour du palais, lui pénétra dans le gosier et ressortit par les narines et par les yeux. Dès qu'il put reprendre haleine : « Otez-moi cela ! quelle infection ! oh ! les cochons ! « le cœur me tourne. » Il se sentit en effet comme incommodé pendant au moins une heure, et renonça pour toujours à un *plaisir* « dont l'habitude, disait-il, n'était bonne qu'à « désennuyer les fainéans. »

Il semblerait, d'après ce récit, que Napoléon en était encore à son coup d'essai ; cependant, sans révoquer en doute l'assertion de Constant, nous pouvons affirmer que c'est en Egypte qu'il fit son début de fumeur, et que ce fut Roustan qui lui donna la première leçon. Sans doute que Bonaparte voulut prouver par là son respect pour les institutions du peuple conquis, comme il l'avait fait à l'égard du Coran. Il fuma donc par politique, mais il fuma, et même à diverses reprises. Son vieux mameluck a conservé fidèlement cette pipe historique, et nous l'avons vue récemment entre les mains d'un homme véridique de qui nous tenons cette anecdote.

(9) Dans un estaminet que l'univers fréquente.

L'*Estaminet de l'Univers* se trouve au bout de la galerie de Foy, en face du théâtre du Palais-Royal, et au dessus du restaurant Hamel, ci-devant Véfour. On aime à croire que la mémoire du bon père Meunier y est encore vénérée par la génération des fumeurs actuels.

8

(10) C'est Teissier.....

Les noms des personnages et les faits que nous rapportons sont également vrais; il est inutile de dire que ces deux professeurs donnaient gratuitement leurs leçons. Nous aurions pu étendre largement la biographie de M. Teissier, et donner plus de développement à ses doctrines; nous nous bornerons à dire, pour l'instruction des amateurs de la pipe, que non seulement il donne la prééminence à celles de Francfort ou de Leipzig, mais qu'il a adopté définitivement celles qui sont travaillées à l'huile et non à la cire, attendu que les premières, quoique plus pénibles peut-être à former, acquièrent beaucoup plus de dureté et sont moins sujettes aux rayures si nuisibles aux écumes à la cire. Entre mille triomphes que lui a valu son art, nous citerons ceux-ci: Un amateur, enthousiasmé d'une belle pipe que notre grand artiste était en train de perfectionner, lui en demande le prix; M. Teissier répond qu'il ne la cédera qu'à deux cents francs. Après quelques débats, l'écume est livrée, et sur l'observation de l'amateur que, faisant cette emplette au moment de partir pour l'Amérique, il ne serait pas fâché de la revendre à son arrivée et d'y trouver quelque bénéfice, M. Teissier lui répond qu'il peut la prendre en confiance et qu'il croit pouvoir lui garantir que cette pipe lui paiera son passage, ajoutant qu'il désire vivement que tous les articles de sa pacotille lui donnent proportionnellement un pareil profit. L'affaire est donc conclue et le voyageur s'embarque. Au bout de quelques mois, un inconnu se présente à M. Teissier et lui déclare qu'il a des remerciements à lui faire de la part de son ami, qui, le jour même de son arrivée à New-York, s'est défait de sa pipe au prix de neuf cents francs.

Un noble Hongrois vivait à Pesth, honoré comme le premier fumeur de toute l'Allemagne, mais il ne jouissait qu'imparfaitement de sa renommée; le nom de Teissier était arrivé jusqu'à lui, et les lauriers de ce rival troublaient son sommeil. Il accourt en poste à Paris, il arrive, et sans perdre le temps de choisir un hôtel, il se rend, en manteau de voyage, au café de la Bourse; il demande M. Teissier, qu'il trouve nécessairement la pipe à la bouche. L'étranger s'annonce pour fumer huit onces de tabac par jour; M. Teissier lui répond que, pour lui, sa ration quotidienne n'est que de cinq onces, mais que la quantité de consommation ne prouvant pas l'excellence du fumeur, il lui propose une gageure : « Prenons, lui dit-il, deux pipes pareilles; fumons-les en même temps, vous pendant un mois entier, moi pendant quinze jours; je vous fais le pari de cinq cents francs que la mienne sera jugée plus avancée et mieux formée que la vôtre. » En même temps, il étale devant lui une partie de ses œuvres, c'est-à-dire vingt-cinq écumes d'une perfection désespérante. Le Hongrois porte un regard troublé sur cette formidable collection; il pâlit, serre les dents, tourne les talons, sans proférer une syllabe allemande ou française, remonte en chaise de poste et ne s'arrête que pour s'ensevelir dans son vieux manoir, où son premier soin est de pulvériser toutes ses écumes, et le second d'acheter une tabatière.

(11) La lourde pipe d'Ulm aux ronceux accidents.

Il serait trop long ici de faire l'énumération de toutes les formes de pipes en usage chez différents peuples; il en est de cet objet comme du vin : chaque pays vante les productions du crû, chaque localité donne la prééminence à ses habitudes; mais, de même qu'en fait de vin, il faut mettre à part toutes ces fantaisies de table adoptées par certains buveurs, et s'en tenir à la grande trinité orthodoxe du Bourgogne, du Bordeaux et du Champagne; de même, en fait de pipes, il convient de rejeter une infinité de caprices pour n'admettre comme universalité que les formes de Francfort, de Vienne, et la modeste pipe de terre française ou belge. Le reste ne peut que distraire un moment et ne tarde pas à révéler ses désavantages ; la pipe d'Ulm est trop lourde, et sa doublure métallique ou calcaire communique une saveur désagréable à la fumée; la pipe bavaroise est toujours brûlante aux doigts et à la bouche ; la pipe turque est trop évasée et ne brûle qu'au centre, laissant les parties latérales du tabac non consumées; elle nécessite d'ailleurs le soutien continuel de la main, à cause de l'épaisseur du bout d'ambre, qui ne permet pas de la saisir avec les dents. Les autres petites pipes en terre rouge et à tube de roseau, en usage dans le midi, veulent un changement continuel de tube; il en est de même des petites pipes du Sénégal. Je ne parle pas de ces hochets informes qui nous sont apportés de Java ; on ne peut les avoir que comme objets de collection et pour l'histoire de l'art. Nous en dirons de même des calumets caraïbes, petits morceaux de bois grossièrement équarris et propres tout au plus à recevoir une pincée de tabac et un tuyau assorti. Quant à ces petits godets en zinc, emmanchés d'un long bambou, qu'on appelle pipes chinoises, et qui nous viennent des Philippines, c'est plutôt une parodie qu'un instrument sérieux; la véritable pipe chinoise, celle qui sert à fumer l'opium, est d'une structure qui diffère entièrement de toutes les autres; elles sont très rares en Europe, et celle que l'auteur possède, il la doit à l'obligeance de M. le contre-amiral Laplace qui, dans son voyage autour du monde sur la *Favorite*, voulut bien lui rapporter cette curiosité, mêlée à d'autres échantillons de pipes, recueillis chez une infinité de peuples policés ou sauvages.

8.

NOTES DU DEUXIÈME CHANT.

————o————

(1) Ravalant son orgueil au goût de la Lorette.

Rendons justice à la Lorette ; c'est à elle que nous devons la propagation... du cigare auquel on arrive par la cigarette. L'administration, au lieu de les persécuter, devrait leur voter des remerciemens. Ces aimables oracles de la mode sont habituellement embaumées de bandoline, de patchouly et de Havane ; leurs Oscar et leurs Arthur sont obligés, bon gré mal gré, de fumer en tête-à-tête ; et, grâce au goût de ces divinités, brûler des parfums devant la beauté a cessé aujourd'hui d'être une métaphore.

Rendons pourtant justice à la nouvelle et ingénieuse invention du *cigarettotype*, qui a glorieusement figuré à la dernière exposition. Au moyen de cet appareil simple et peu coûteux, le fumeur fabrique lui-même ses cigarettes, sans se donner la moindre peine ; aussi, la foule se presse chez l'inventeur Le Maire, rue du Petit-Carreau, 1er.

(2) Le *papel* espagnol à Paris fabriqué.

Les enveloppes dont se servent les fumeurs de cigarettes sont des feuilles de papier de lin, sans colle, formant un petit livret, dont la fabrication est très importante à Alkoy et à Madrid ; le papier collé communiquerait au tabac une odeur encore plus désagréable. Nous avons imité fort heureusement en France cette préparation.

(3) Fument du Roquefort et mangent du tabac.

Nous insistons dans ces notes sur la recommandation du texte : abstenez-vous rigoureusement des bureaux de tabac cumulés par les épiciers. Le tabac est, non moins que le thé, impressionnable aux odeurs étrangères ; il est inconcevable que l'administration accorde la vente de cette denrée précieuse à des boutiques infectées par le beurre et la chandelle. C'est dresser un guet-apens au consommateur.

(4) Le reste ne vaut pas l'honneur d'être cueilli.

Le premier tabac du monde vient incontestablement de Cuba, et l'on met hors de toute ligne celui qui croît dans une petite contrée de cette île appelée *Vuelta-de-Abajo*.

Il est bien entendu que nous ne parlons ici que du tabac destiné à la confection du cigare ; et même, nous devons le dire, ce principe est énoncé sous une forme trop absolue et trop exclusive. Rendons justice au cigare de Manille, non à ces déplorables échantillons que la régie a lancés quelque temps dans le public, mais aux vrais *Manille* de qualité supérieure qui peuvent rivaliser avec ce que la Havane offre de plus exquis; il est fâcheux que leur prix excessif en interdise l'usage au commun des consommateurs pour lesquels nous écrivons.

Nous pouvons donner encore, comme une exception, les cigares fabriqués à Alger. Soit que le tabac qui les compose se trouve d'un meilleur choix, soit que les ouvriers espagnols qui les fabriquent excellent plus que les nôtres dans ce travail, nous devons reconnaître qu'il existe en France peu de cigares qui leur soient comparables; on en trouve même de très passables à cinq centimes.

(5) L'un vers les *Trabucos* tourne sa fantaisie.

A ce dénombrement d'espèces nous aurions pu ajouter le *vegesos*, moins connu en France et même en Espagne. Le *trabucos* est court et ventru, ce qui lui donne l'inconvénient de rapprocher trop le feu du visage et de ne pas brûler carrément. Le *panetela*, au contraire, est très long et très mince, ce qui nécessite un étranglement dans l'enveloppe, dont le résultat est de laisser un passage difficile à l'air; sa longueur démesurée est d'ailleurs illusoire, car on ne le consomme guère qu'à moitié, par la raison que le passage trop prolongé de la fumée ramollit et humidifie la partie qui se trouve vers la bouche, et la rend impropre à garder le feu. Nous n'avons pas mentionné une autre variété de forme, connue sous le nom de *cigare de dames*, jouet mutin et duriuscule qui intercepte toute issue à l'haleine, et qu'il faut reléguer au rang des cigarettes et des articles de la pharmacopée.

Le seul dont la forme soit véritablement convenable, c'est le cigare vulgaire ou le *regalia*. Toutefois, nous déclarons

que ceux qui apparaissent depuis quelques mois sont d'un
embonpoint trop corpulent et d'un volume gênant pour la
bouche.

(6) Et ceux de qui le teint, diapré d'un vert faux.

Outre les défauts apparens que nous signalons à l'amateur
inexpérimenté, il en est une multitude d'autres qui ne peuvent
être saisis que par l'expérience et l'exercice du coup d'œil.
Nous devons, cependant, leur conseiller de rejeter ceux dont
le bout tourné est trop volumineux, ce qui nécessite une ouverture des lèvres qui donne passage à l'air extérieur, et
empêche de concentrer toute la force de l'aspiration sur le
seul cigare.

(7) Avant tout examen, donnez la préférence
    Aux neuf ou dix serrés à la circonférence.

Cette précaution a besoin d'être modifiée; elle serait pré-
judiciable à l'acheteur s'il prenait toujours les cigares exté-
rieurs à cause de leur sécheresse. Il faut qu'il écarte avec
soin ceux qui se trouvent brisés par le serrement de l'attache
et surtout par le nœud, qui ne manque jamais d'en blesser un
ou deux assez gravement pour les mettre hors de service.

(8) Il en est qui, trois fois, tombent en récidive.

L'éruption cutanée dont il est question n'est pas le fruit
de notre imagination de poète; cette affection est connue de
tous les employés de la manufacture royale. Il y a même un
proverbe espagnol d'après lequel un cigare n'est réputé bon
qu'autant qu'il a eu trois fois la fièvre.

(9) L'odieux Maryland qui rembourre leur corps.

Non seulement l'odieux Maryland, mais l'infâme Kentucky et l'exécrable Levant, tabacs destinés à la poudre et non au cigare, sinon pour les qualités inférieures ; ces fraudes, au surplus, ne doivent pas être imputées à l'administration qui vend les cigares tels qu'elle les achète, mais aux fournisseurs même de la Havane, et peut-être aussi à la complaisance de nos experts, qui ne les sondent pas avec assez de scrupule.

(10) Ces tronçons imbibés d'une vieille salive.

La pipe ne laisse rien à glaner ; mais le cigare, qui ne peut être consumé jusqu'au dernier bout, laisse forcément quelques débris, exploités par l'industrie du pauvre. Non seulement ces extrémités, après avoir été séchées, trouvent encore des fumeurs en sous-ordre, toujours sous le nom de cigare ; mais il en est qui en tirent un parti plus profitable en les hachant et les réduisant à la forme de tabac à fumer : cette qualité, nécessairement inférieure, se vend à vil prix ; et quelquefois, pourtant, les débitans marrons ont l'art de la faire passer comme supérieure aux yeux de quelques amateurs crédules, sous prétexte de contrebande. Malgré le proverbe qui dit que le feu purifie tout, un fumeur délicat repoussera toujours avec horreur une matière imprégnée de sécrétions étrangères, et mêlée souvent aux immondices dans lesquels elle a été recueillie.

(11) Ce passe-temps coûteux qui fait leur volupté.

Supposons qu'un homme fume le cigare depuis quarante

ans, ce n'est pas trop, sans doute, de lui en allouer six par jour, attendu que ces six cigares se réduisent en pratique à peu près à quatre, par la non valeur de deux sur ce nombre de six; or, six cigares par jour, à 25 cent. la pièce, constituent, au bout de l'an, une dépense de 547 fr. 50 cent., ce qui, multiplié par quarante, donne le total effrayant de 21,900 fr. ; et si l'on calcule l'intérêt de l'intérêt de cette somme, à cinq du cent, on arrive au chiffre énorme de 77,080 fr.

Outre cette dépense d'argent, si nous voulons connaître combien le même fumeur aura dépensé de temps, en admettant une demi-heure pour chaque cigare, nous trouverons qu'il aura employé deux ans et quatre-vingt-quinze jours à fumer, c'est-à-dire qu'en deux ans et quatre-vingt-quinze jours, il aura dépensé en cigares la somme de 77,080 fr.

NOTES DU CHANT TROISIÈME.

---

(1) Le tabac est brûlé pour le plaisir des yeux.

Quelqu'étrange que cette opinion puisse paraître, elle sera partagée par tous les fumeurs qui voudront se donner la peine de réfléchir. Il faut ajouter cependant qu'il ne suffit pas de voir s'exhaler, monter et tournoyer la vapeur du tabac, car il suffirait alors de voir fumer son voisin; il faut non seulement voir la fumée, mais la produire ou la souffler soi-même.

(2) Quelquefois, au moment où la voix de l'horloge.

A cet exemple, pris dans les généralités, nous aurions pu joindre un fait particulier, de déchirant souvenir : Quand le malheureux maréchal Ney fut conduit à la fatale allée de l'Observatoire, il demanda un cigare et le fuma dans un calme sublime.

(3) O des grandes douleurs infaillible remède !

On a dit jusqu'ici : Qui dort dîne ; on peut dire également qui fume dîne ; en effet, l'expérience journalière démontre que la fumée du tabac apaise les tiraillemens de la faim.

« Ramazzini dit que beaucoup de voyageurs *assurent* que le tabac mâché ou fumé ôte l'appétit, et qu'on peut faire alors beaucoup de chemin sans être pressé de la faim. Guill. Pison, voyageant dans des lieux déserts, ne ressentait ni lassitude ni faim après avoir mâché du tabac. Van Helmont dit la même chose ; il prétend que le tabac apaise la faim, non en la satisfaisant, mais en détruisant cette sensation et en diminuant l'activité des autres fonctions. Ramazzini ajoute avoir souvent observé que les fumeurs et mâcheurs de tabac sont sans appétit, ainsi que les grands buveurs de vin, parce que son usage énerve l'action de l'estomac et détruit l'énergie du suc salivaire. Plempius a remarqué également que le tabac diminuait le sentiment de la faim ; mais il donne une autre cause à ce phénomène : il croit que c'est par l'abondance de sérosité ou de salive qui s'écoule dans l'estomac, et qui remplit plus ou moins ce viscère, que cette sensation se trouve apaisée par suite de l'absorption qu'il en fait, et non par son énervation ou son engourdissement ; peut-être ces deux causes contribuent-elles concurremment à diminuer le sentiment de la faim. »   (M. Mérat.)

Willis recommande l'usage du tabac dans les armées comme pouvant suppléer à la disette des vivres, outre, dit-il, que c'est un fort bon remède pour préserver le soldat de ses maladies tant internes qu'externes.

9

On a vu le tabac soutenir les forces d'un malheureux au moment des crises les plus douloureuses. Moreau, blessé à mort et au point d'être amputé des deux jambes, se borna à dire pendant l'opération : « Donnez-moi un cigare ! »

(4) Ainsi que le fumeur du tableau d'Henri Quatre.

Tout le monde connaît le tableau de l'entrée d'Henri IV à Paris, par Gérard.

(5) J'en ai plus consommé que le docteur Albert
N'a collé d'écriteaux en papier rouge ou vert.

C'est beaucoup dire !

On a calculé l'étendue qu'aurait la barbe d'un homme à un certain âge, si les diverses longueurs qu'il a coupées à chaque fois avaient été ajoutées les unes aux autres, et on est arrivé à une dimension effrayante. Ainsi, supposez que pendant quarante ans vous ayez rasé votre menton seulement tous les quatre jours, et que chaque fois vous ayez enlevé une ligne de poil ; vous aurez au bout de quarante ans une barbe longue de 3,650 lignes, ce qui donne le produit de 4 toises 1 pied 4 pouces et 2 lignes (vieux style) ou 8 mètres 23 centimètres ; il y aurait de quoi épouvanter le fameux nain *Schaïbar* des *Mille et une Nuits*, dont la barbe, au dire de Schecrazade, était de 32 pieds.

Si maintenant il vous plaît d'appliquer à notre sujet ce calcul statistique ; supposez encore, ce qui est très raisonnable, qu'un homme de 60 ans fume depuis l'âge de vingt ans six cigares par jour, lesquels cigares ajoutés l'un à l'autre forment à peu près la longueur d'un mètre, vous aurez au bout de quarante ans une longueur de 14,600 mètres, ou 14 kilomètres et 600 mètres, c'est-à-dire la distance de Paris à Saint-Germain.

Figurez-vous un cigare de cette dimension ! !

(6) La race qui grandit est dans le mouvement.

En 1810, où le monopole a été établi, le bénéfice du gouvernement, pendant les six premiers mois, fut de 23 millions 128,471 fr.; les six premiers mois de 1840, ils se sont élevés à 46 millions 91,000 fr.; depuis trois ans, ils se sont encore accrus dans une progression énorme; en 1843, ils ont atteint le chiffre de 84,000,000.

(7) Sa force inépuisable augmente avec sa course.

Nous avons commencé ces notes en rapportant un passage d'Ovide; terminons-les poétiquement par une citation de Virgile; la magnifique peinture que ce grand maître a faite de la Renommée, s'applique exactement au Progrès actuel tel que nous l'envisageons; *ingreditur solo*, elle s'avance sur la terre, pour le chemin de fer; *sese attollit in auras et caput inter nubila condit*, elle s'élève dans les airs et cache sa tête au sein des nues, pour la fumée du tabac; *vires acquirit eundo*, elle acquiert des forces en marchant, pour l'un et l'autre :

Mobilitate viget, viresque acquirit eundo;
Parva metu primo, mox sese attollit in auras;
Ingreditur que solo, et caput inter nubila condit.

Cê que nous avons ainsi rendu dans notre traduction de
l'*Énéide* :

> Elle accroit, en courant, sa force et sa puissance ;
> A peine on la distingue à son humble naissance,
> Bientôt elle grandit, prend l'air audacieux,
> Ses pieds foulent la terre et son front heurte aux cieux.

FIN.

LIBRAIRIE DE LALLEMAND-LÉPINE,

52, rue Richelieu,

Et chez MARTINON, 4, rue du Coq Saint-Honoré.

DÉPOT GÉNÉRAL

DE PUBLICATIONS A BON MARCHÉ,

ABONNEMENTS A TOUTES LES PUBLICATIONS

PARAISSANT PAR LIVRAISONS.

	Paris		Dép.	
Au Magasin pittoresque.	5 fr. 20 c.		7 fr. 20 c.	
Au Musée des Familles.	— 5	20	— 7	20
A l'Illustration.	— 30	»	— 32	»
Revue pittoresque. . . .	— 6	»	— 7	»
Aux Guêpes.	— 12	»	— 14	»
Au Journal des Enfants.	— 6	»	— 7	50
Au Magasin littéraire. .	— 12	»	— 14	»

LES DRUIDES, par J.-B. Bouché, de Cluny, 1 vol. in-8°. Prix : 6 fr.

Nous n'hésitons pas à dire que l'ouvrage sur les DRUIDES est destiné à faire sensation dans toutes les classes de la société, en France et à l'étranger, et à opérer un grand mouvement dans tout le monde savant, car il laisse loin derrière lui tout ce qui a été écrit jusqu'à ce jour sur le druidisme et les Celtes.

Extrait du Musée des familles (août 1844).

9.

En composant cet ouvrage, M. Bouché s'est moins proposé de mettre sous les yeux de ses concitoyens l'histoire philosophique du culte druidique, que d'éclaircir les points de ce culte qui sont les plus propres à donner une idée exacte des premiers temps de la civilisation politique et religieuse de ces prêtres philosophes et législateurs, et de présenter à notre sympathique admiration les travaux gigantesques de nos aïeux.

Le livre de M. Bouché est une œuvre de conscience, que tous les esprits avides de recherches religieuses et scientifiques liront et reliront encore.

Poésies de M. Eugène de Lonlay.

Les Bluettes, in-18.	3	»
Simples amours.	1	50
Mandolines.	1	50
Ce que vierge ne doit lire.	»	75

SCIENCE DU BIEN VIVRE, ou Monographie de la cuisine envisagée sous son aspect physique, intellectuel et moral, contenant quelques conseils sur les usages à suivre pour donner un thé, une soirée, à l'usage de la maîtresse de maison, suivie de mille nouvelles recettes, par ordre régulier, du service de la table.

Prix : 4 fr. 50 c., et franco sous bandes, par la poste, 5 fr. ; cartonné à l'anglaise, 5 fr. 25 c.

ALMANACHS 1845.

Almanach de France.	»	50
Id. prophétique.	»	50

Almanach comique. . . . .   » 50
   Id.   du diable. . . . .   » 50
   Id.   populaire. . . . .   » 50
   Id.   de la jeunesse. . . . .   » 75
   Id.   des postes. . . . .   » 75
   Id.   horticole . . . .   » 75
   Id.   de la France pittoresque. . . . . . .   1 »
   Id.   du fumeur. . . . .   1 »
   Id.   des villes et campagnes. . . . .   » 50

OUVRAGES ILLUSTRÉS PAR LIVRAISONS ET COMPLETS.

La Fontaine (éd. Granville). . . . .   20 »
Animaux, 2 vol.   id. . . . .   30 »
Florian, 1 vol.   id. . . . .   12 »
Robinson, 1 vol.   id. . . . .   10 »
Gulliver, 1 vol.   id. . . . .   10 »
Béranger, 3 vol.   id. . . . .   30 »
Musée des Familles, 11 vol. 60 50
    Id.   relié. . . . .   77 »
Magasin pittoresque, 12 vol. . . . .   66 »
    Id.   cartonnés . . . .   84 »
Le Théâtre d'autrefois, 2 vol. . . . .   8 »
   —   L'abonnnement annuel 3 75
Dictionnaire du commerce. . . . .   42 »
Histoire de Napoléon, par Norvins. . . . .   20 »
    Id.   par Laurent, coloriée. . . . .   25 »
Télémaque (éd. Mallet). . . . .   12 »
   —   (éd. Bourdin). . . . .   10 »

Mille et une Nuits, id. . . . . 30 »
Voyages (éd. Duménil), 12 vol. . . . . 42 »
Mémorial (éd. Bourdin). . . . . 38 »
Jardin des plantes (éd. Dubochet). . . . . 16 »
Molière, 2 vol. . . . . 30 »
Don Quichotte.. . . . . 30 »
Gil Blas.. . . . . 15 »
Diable boiteux. . . . . 10 »
Sterne.. . . . . 10 »
Muséum parisien.. . . . . 10 »
Contes de la Fontaine.. . . . . 10 »
L'Ane mort. 10 »
Voyage en Italie.. . . . . 10 »
Manon Lescaut .. . . 10 »
Univers pittoresque, 40 vol. parus.. . . . . 250 »
Les Français peints par eux-mêmes, 8 vol., noir.
    avec prisme.. . . . . 126 »
     Id.   coloriés . . . . 210 »
La Peau de chagrin.. . . . . 11 »
Jérusalem. 12 50
Jardin des plantes, 2 vol.. . . . . 50 »
La Morale en action. . . . . 10 »
Un autre Monde, par Granville, 1 vol.. . . . . . 18 »
Les Fastes de Versailles, 1 vol. . . . . 15 »
OEuvres complètes de Rollin avec albums et atlas,
    315 livraisons, à. . . . . » 25
OEuvres de Balzac, chaque volume.. . . . . . . 5 »
Les Enfants peints par eux-mêmes, 2 vol.. . . . 18 »
Mémoires d'un centenaire, 1 vol.. . . . . 10 »
Les Enfants chez tous les peuples, 1 vol.. . . . . 10 »
Dictionnaire des dates, 2 vol. in-4°.. . . . . . . 45 »
Les Eglises de Paris, 1 vol. . . . . 10 »

Molière, 1 vol.. . . . . 20 »

Manuel d'architecture, 2 vol.. . . . . 10 50

Imitation de Jésus-Christ, 1 vol.. . . . . 20 »

Paul et Virginie, 1 vol.. . . . . 40 »

Discours sur l'Histoire universelle, 2 vol.. . . . . . 48 »

Evangiles, 2 vol.. . . . . 40 »

Contes des fées, 1 vol.. . . . . 15 »

Les Orateurs, 1 vol.. . . . . 15 »

Franc-Maçonnerie, 1 vol.. . . . . 15 »

Napoléon Marco, 1 vol.. . . . . 16 »

Petites Misères, 1 vol.. . . . . 15 »

Schiller, 1 vol.. . . . . 12 »

La Grande Ville, 2 vol.. . . . . 21 »

Mythologie illustrée. . . . . 5 »

Guide pour le choix d'un état, 1 vol.. . . . . 7 50

Marine de la France, 2 vol.. . . . . 20 »

Musée Philippon, 2 vol.. . . . . 24 »

Magasin des Enfants, 1 vol.. . . . . 10 »

OEuvres de Paul de Kock, le volume.. . . . . 3 50

OEuvres de Sand, le volume.. . . . . 3 50

Collection Paulin, le volume.. . . . . 3 50

Collection Gosselin, le volume.. . . . . 3 50

Collection Mascagna, le volume. 3 50

Collection Lavigne, le volume.. . . . . 3 50

Chansons populaires, le volume.. . . . . 18 »

     Id.   la livraison.. . . . . » 60

Méditerranée, la livr.. . . . . 1 25

L'Irlande pittoresque, la livr.. . . . . 1 25

L'Empire chinois, la livr.. . . . . 1 25

Constantinople, la livr.. . . . . 1 25

Syrie, la livr.. . . . . 1 25

La Bible, la livr.. . . . . 1 25

Florian Adam, 1 vol.. . . . . 10 »

Voyages en zig-zag, 1 vol.. . . . . 16 »

Voyage où il vous plaira, 1 vol.. . . . . 12 »

Normandie, 1 vol.. . . . . 20 »

Robinson suisse, 1 vol.. . . . . 10 »

Morale merveilleuse, 1 vol.. . . . . 10 »

L'Art de fumer, 1 vol., 5 gravures. 3 50

Classiques de la table, 1 vol.. . . . . 12 »

Les deux Miroirs, 1 vol. . . . . 15 »

Les Villes de France, la livr.. . . . . » 25

La Bretagne, la livr.. . . . . » 25

Les Monuments de tous les peuples, la livr.. . . . » 30

Les Mille et un Romans, la livr.. . . . . » 25

Le Magasin littéraire, le mois.. . . . . 1 »

Bibliothèque des Feuilletons, la livr. . . . . . . » 25

Physiologie du Jésuite.. . . . . 1 »

Physiologie du Prêtre . . . . 1 »

Chine ouverte, la livraison. . . . . » 30

Les Mystères de Paris, la livr.. . . . . » 50

Béranger, 2 vol. avec gravures.. . . . . 11 »

Courroux de poète. 3 50

L'Almanach du mois, par an.. . . . . 6 »

Vicaire de Wakefield, 1 vol.. . . . . 10 »

La Nouvelle Héloïse, la livraison. . . . . » 25

Le Diable à Paris, la livr.. . . . . » 30

Paris dans l'eau, la livr.. . . . . » 15

L'Armorial universel, 1 vol.. . . . . , . 25 »

Bibliothèque du Destin, le vol. . . . . 1 »

Bretagne Janin, livraison à. . . . . » 30

Labruyère, la livr.. . . . . » 50

Mathilde, la livr.. . . . . » 50

Racine, la livr.. . . . . » 50

Les Étrangers à Paris, la liv. . . . . » 30

Révolution de Lyon, la livr.. . . . . » 50

Châteaux et ruines de France, la livr.. . . . . . . » 50

La Bastille, la livr.. . . . . 1 »

Les Bagnes, la livr.. . . . . » 30

Juif errant, le vol. 7 50

Médecin de soi-même, 1 vol. . . . . 1 »

Proverbes Granville, la livr.. . . . . » 30

Mystères de la Russie, la livr.. . . . . » 50

  Id. de Paris, le vol. . . . . 10 »

Imp. de MAULDE et RENOU, rue Bailleul, 9 et 11.

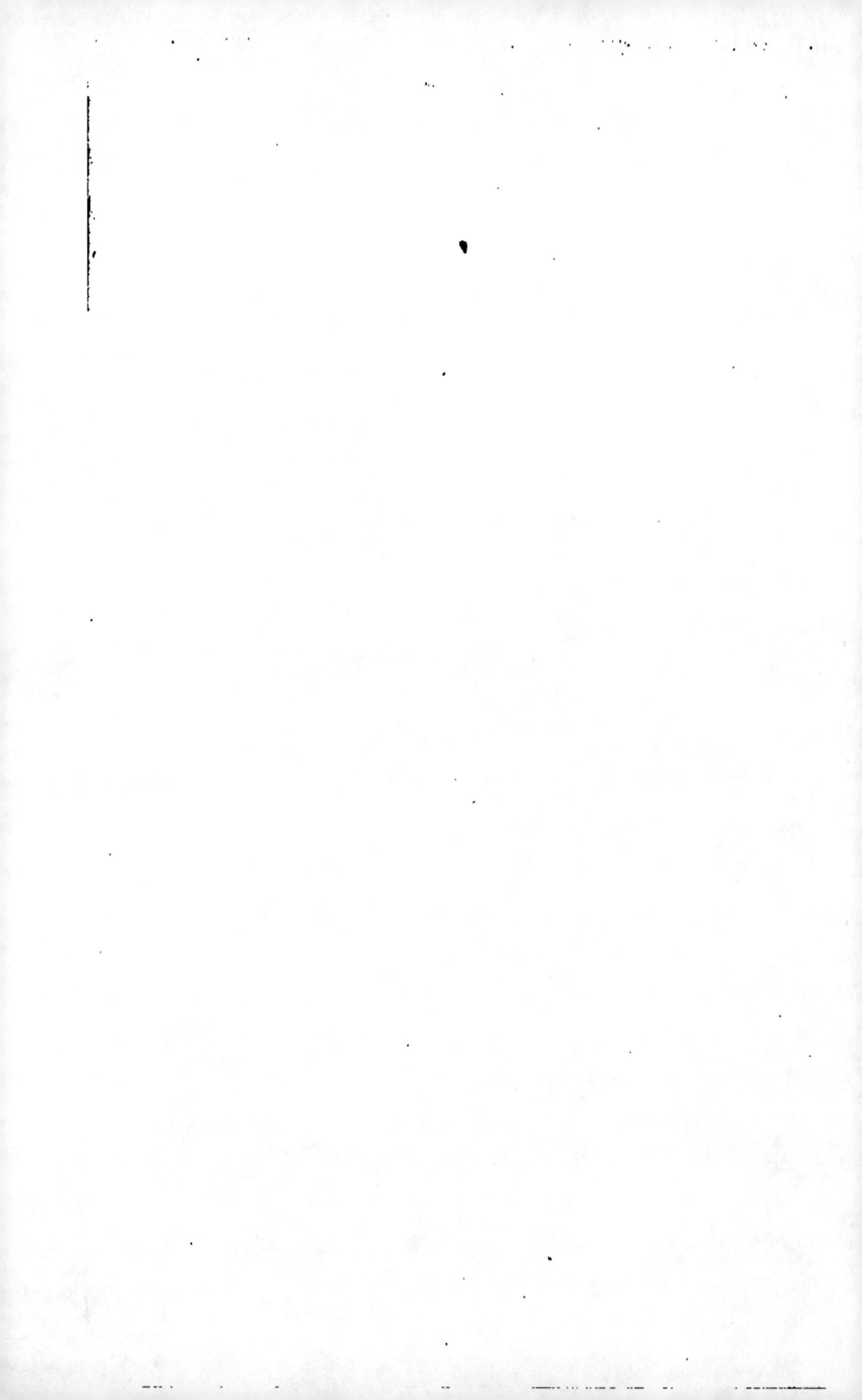

www.ingramcontent.com/pod-product-compliance
Lightning Source LLC
Chambersburg PA
CBHW051742090426
42738CB00010B/2388